Birgit Pauls

Bernd Sommerfeldt

IT-Sicherheit ist sexy!

Birgit Pauls

Bernd Sommerfeldt

IT-Sicherheit ist sexy!

Bibliografische Information der Deutschen Nationalbibliothek: Die Deutsche Nationalbibliothek verzeichnet diese Publikation in der Deutschen Nationalbibliografie; detaillierte bibliografische Daten sind im Internet über www.dnb.de abrufbar.

ISBN 978-3-7448-7539-4

Herstellung und Verlag:
BoD – Books on Demand, Norderstedt

Covergestaltung:
Birgit Pauls mit BOD Easy Cover

Inhalt

1. Was ist der Unterschied zwischen IT-Sicherheit und Datenschutz?

Der Unterschied wird erst bei genauerer Betrachtung deutlich. Eine ISO 27001-Zertifizierung wird gerne gleichgestellt mit einer Datenschutzzertifizierung, was aber tatsächlich zu verneinen ist. Bei der IT-Sicherheit geht es um Maßnahmen in technischer und organisatorischer Hinsicht, welche dafür geeignet sind, IT-Vorfälle im Sinne des BSI (Bundesamt für Sicherheit in der Informationstechnik) zu verhindern, IT-Aktivitäten zu erfassen, IT-Aktivitäten auszuwerten, IT-Aktivitäten zu bewerten, Regeln zum sicheren Umgang zu verfassen, sichere Abläufe zu definieren und in IT-Sicherheit zu sensibilisieren. Neben der IT-Sicherheit direkt wird auch hier das Umfeld der IT betrachtet, allerdings stets im Hinblick auf die IT und alle diesbezüglichen Daten. Datenschutz spielt hier zunächst keine Rolle.

Datenschutz ist der Schutz der Persönlichkeitsrechte; Daten sind vor Missbrauch und zufälliger Zerstörung zu schützen, woraus sich automatisch eine Schnittmenge zur IT-Sicherheit ergibt. Die Maßnahmen, welche gesetzlich vorgesehen sind, sind in großen Teilen identisch mit den Anforderungen des BSI oder den ISO-Normen, so dass sich dieser auch durchaus bedient werden kann, wenn diese datenschutzkonform realisiert werden.

Bei der IT Sicherheit sind Aktivitäten im Netz und deren Protokollierung ein wichtiger Faktor, auch wenn es einen

Vorfall gegeben hat, kann hier schnell der Verursacher ermittelt werden. Für die IT-Sicherheit ergibt sich hier also erst einmal eine vollständige automatische Protokollierung aller Aktivitäten mit eindeutiger Zuordnung, was eine Vielzahl an Auswertungen zu den unterschiedlichsten Zwecken ermöglichen würde.

Im Datenschutz gibt es hier die Zweckbindung und die Vorgaben der Datensparsamkeit, wie auch Schutzbestimmungen, welche sich neben den Datenschutzgesetzen auch in anderen Gesetzen wiederfinden. Diese sind mit der IT-Sicherheit in Einklang zu bringen, damit sie datenschutzkonform umgesetzt werden können. Vergleichbare Gesetze gibt es grundsätzlich in jedem Land der Welt; in der Regel haben alle ihre Basis in einer Verfassung oder einer vergleichbaren Schrift, wie bei uns dem Grundgesetz.

Bei diesem Beispiel wäre die fortlaufende Protokollierung folglich anzupassen, damit sie den Sicherheitsansprüchen und gleichzeitig dem Datenschutzanspruch genügt. Dieser würde hier vorsehen, dass keine Person direkt, aber auch keine Person indirekt zu ermitteln wäre; die Daten wären hier folglich zu normalisieren. Sollte ein Fall eintreten, bei denen der Personenbezug oder Bezug zu einem bestimmten Gerät erforderlich ist, so kann dies erfolgen, wenn Datenschutzbeauftragter und ggf. Personalvertreter dem zustimmen und bei diesem Vorgang anwesend sind, sowie hier erst die Möglichkeit zur Klarschrift (tatsächlicher Bezug zu Geräten und Personen) freischalten im benötigten Umfang. Die ermittelten Daten sind dann ausschließlich zu dem Zweck zu verwerten, welcher als Grund vorlag. Nach Zweckerfüllung ist diese Klarschrift wieder zu beenden, die gesamte Durchführung ist hinreichend zu dokumentieren und zu begründen.

Aufgrund dieser Besonderheiten ist die IT-Sicherheit in den Fragen des Datenschutzes diesem unterzuordnen, so dass beide Ziele erreicht werden.

2. Welche Prozesse kann ich optimieren, wenn ich meine IT optimiere?

Der eine oder andere wird sagen, IT bringt kein Geld, sie kostet nur. Wer so denkt, der sollte in den Serverraum gehen, alle Server herunterfahren und so richtig Geld sparen. Die Autoren sind sich sicher, dass im Anschluss festgestellt wird, dass ohne die IT nichts läuft - und wenn ohne die IT nichts läuft, so sollte auch klar sein, dass Sie mit der IT buchstäblichen jeden Prozess in Ihrem Unternehmen optimieren können und eine optimierte IT gerade in wirtschaftlicher Hinsicht und Konkurrenzfähigkeit enormes und oft ungenutztes Potential entfalten kann.

3. Welche betriebswirtschaftlichen Vorteile ergeben sich?

Dass mit Digitalisierung viele Aufgaben teilweise oder vollständig automatisiert werden können, ist vielen Unternehmen durchaus bewusst, weshalb die Digitalisierung nicht überall Unterstützung findet. Natürlich könnten diese eingesparten Mitarbeiter auch an anderer Stelle effizient eingesetzt werden, da die Digitalisierung nicht nur das Potential besitzt, Arbeitskräfte freizustellen, sondern auch, Prozesse zu optimieren und Wachstum zu ermöglichen, bei dem genau diese Arbeitskräfte mit ihrem Wissen wieder Gold wert sein können.

Sicherheit und Datenschutz erfüllt Ihr Unternehmen und gleichzeitig bekommen Sie ein sehr klares Bild Ihrer IT und der Möglichkeiten, welche Sie bereits jetzt nutzen können und wissen auch, wie Sie auf das Bestehende aufsetzen können, um weitere Ziele zu verfolgen. Sie können hier auch die Notwendigkeiten von Maßnahmen in ihrem Ausmaß klar abschätzen, was deutlich bessere Kalkulationen ermöglicht und Sie so vor Überraschungen geschützt sind.

Was für den einen eine Katastrophe darstellt, kostet Sie nur das Ziehen einer Seite aus Ihrem Notfallplan, und Sie können entweder ohne Unterbrechungen ihre Unternehmung fortsetzen oder Schäden auf ein Minimum reduzieren.

Die IT kann vollständig in Ihr BCM integriert werden und neue Ideen können direkt mit den Möglichkeiten der IT abgeglichen und schnell realisiert werden.

Sie tun Gutes, also reden Sie auch darüber. Zeigen Sie, dass Ihre IT sicher ist und dass Sie mit den Daten gut umgehen. Hierdurch können Sie bei bestehenden und künftigen Kunden glänzen.

Punkten Sie bei kritischen Infrastrukturen und den Firmen, welche bereits mit diesen zusammenarbeiten und Ihre Kunden sind. Verhindern Sie, dass Kunden plötzlich nicht mehr mit Ihnen zusammenarbeiten dürfen, weil die Anforderungen aus den Gesetzen und Richtlinien dies bei Mängeln erfordern und Ihre Kunden und potentiellen Kunden dies prüfen und ihrerseits bereits aus eigenem Interesse umsetzen.

Zeigen Sie in Ausschreibungen klar auf, dass Sie neben den Inhalten einer Ausschreibung auch alle gesetzlichen Anforderungen erfüllen oder diese sogar übersteigen. Auf diese Weise kann Ihr Angebot als wirtschaftlicher betrachtet werden als das scheinbar günstigere Ihrer Mitbewerber.

Zeigen Sie Ihren Banken, dass Sie Ihre Risiken im Griff haben und auch im Fall eines Vorfalles weiterhin gut aufgestellt sind und weiterarbeiten können. Erhöhen Sie ihre Kreditwürdigkeit und senken Sie die Zinsen bei Ihren Banken.

Sie erfüllen durch diese Maßnahmen die vorvertraglichen Pflichten Ihrer Versicherungen und können diese auch Ihrem Versicherer zeigen. Im Schadensfall wissen Sie sehr schnell, welche Schäden entstanden sind und welche Ihr Versicherer zu tragen hat.

Bei meldepflichtigen Vorfällen wissen Sie sehr schnell, woran es gelegen hat und wie es künftig vermieden werden kann. Sie können diese Maßnahmen schnell ergreifen und mit den zuständigen Behörden kommunizieren, ohne dass Ihnen Ansehen verloren geht.

Mögliche Schadensersatzansprüche reduzieren Sie auf ein Minimum oder schließen diese ganz aus, weil Sie alle notwendigen Maßnahmen zur Vermeidung ergriffen hatten. Bei rechtlichen Streitigkeiten können Sie dies auch schnell und lückenlos nachweisen.

Bestimmt fallen Ihnen noch sehr viel mehr Vorteile ein, an die Sie vielleicht vorher nicht gedacht haben. Nutzen Sie die Möglichkeiten!

4. Welche Prozesse werden optimiert? Wie spiegelt sich das in den Abläufen wieder?

So wie eine Kette immer nur so stark ist wie ihr schwächstes Glied, so sind Prozesse in einem Unternehmen immer nur so effizient wie die größte Schwäche. Es gibt praktisch keinen Prozess, den Sie nicht durch die IT optimieren können, selbst da, wo Sie bisher keine IT einsetzen. Auch die Informationsläufe können Sie optimieren und vereinfachen und jeden Ablauf auf Optimierungspotential prüfen. Ein Unternehmen, das in seinen Teilen schon immer wie ein Uhrwerk funktionierte, kann in allen Teilen nun wie eine einzige Atomuhr funktionieren, welche praktisch ohne jegliche Reibung auskommt und in der jeder diese Optimierung zu schätzen weiß.

5. Welche personellen Optimierungen ergeben sich für das Unternehmen?

Natürlich ergeben sich Einsparmöglichkeiten beim Personal oder die Möglichkeit, Personal effizient an anderer Stelle einzusetzen. Hier kommen Sie dem Fachkräftemangel zuvor. Eine gute IT- Dokumentation beinhaltet neben der IT selbst auch die Personalentwicklung, so dass Sie frühzeitig reagieren können, noch bevor Probleme sich zeigen. Ihr Personal kann effizienter und durch optimierte Prozesse auch zufriedener arbeiten. Ansprechpartner und Verantwortlichkeiten sind klar definiert, sowie auch deren Möglichkeiten der Erreichbarkeit. Urlaub und kalkulierte Krankheit können in den Abläufen aufgrund von auswertbaren Daten gezielt eingeplant werden, ohne hierbei in Konflikt mit der Personalvertretung oder dem Datenschutz zu kommen. Standorte können optimiert werden, wodurch sich für Sie zusätzliche Möglichkeiten durch Dezentralisierung der Arbeitskraft ergeben. Hinreichende Schulung, Sensibilisierung und ein optimierter Workflow schaffen Zufriedenheit und hiermit Reduzierung von Krankheit, wie auch einer stärkeren Identifizierung mit dem Unternehmen selbst.

6. Wo können die Ergebnisse noch gewinnbringend platziert werden?

Überlegen Sie, woran Sie bisher nicht gedacht haben. Schauen Sie sich Ihr Unternehmen an, vergleichen Sie auch ruhig mit anderen Unternehmen, welche Möglichkeiten hier genutzt werden. Welche Optionen können Sie sofort realisieren und für welche wird eine Planung benötigt? An welcher Stelle können Sie Ihre Anstrengungen gezielter einbringen, um die eigenen Ziele und Erfolge zu maximieren?

7. Warum sind Maßnahmen in IT-Sicherheit und Datenschutz Investitionen?

Wer jetzt Abschnitte übersprungen hat, der sollte nochmals zurückgehen, denn hier sind die Gründe für eine Investition klar aufgezeigt. Die Maßnahmen aus Datenschutz und IT-Sicherheit sind in vielerlei Hinsicht ein echter Gewinn, und ganz bewusst wurde bisher nicht auf die Vermeidung von Bußgeldern und Strafen eingegangen, auch wenn dies natürlich zusätzlich zu betrachten wäre. Aber warum erst auf die Vermeidung von negativen Folgen blicken, wenn es bereits hinreichend Gründe gibt, die ohne deren Betrachtung auskommen?

8. Was gewinne ich durch den Invest IT-Sicherheit und Datenschutz?

Sie gewinnen einen optimierten Einsatz Ihrer IT, Planungssicherheit, Optimierung der Abläufe, Prestigegewinn, Kostenminimierung, Effizienzsteigerung, Sicherheit, neue Möglichkeiten für Kunden, Prestige, erhöhte Kreditwürdigkeit und viele weitere Optionen.

9. Prestige durch IT-Sicherheit und Datenschutz erhöhen?

Wenn Sie natürlich alle Maßnahmen nur durchführen, ohne dass sie irgendjemand bemerkt, wäre dies kaum möglich. Deshalb sollten Sie genau dies auch kommunizieren; hierfür sind Ihre Beauftragten für Datenschutz und IT-Sicherheit wichtig, denn diese zeigen den Mitarbeitern in Schulungen und vielleicht Vorträgen, was das Unternehmen in Sachen IT-Sicherheit und Datenschutz erwartet und was alles hierzu beiträgt. Personal tauscht sich durchaus aus und Gutes wird auch außerhalb der Firma kommuniziert, genauso wie eben auch Negatives.

Ihr Personal selbst ist der erste Faktor beim Prestigegewinn, und wenn die zusätzlichen Faktoren noch hinzukommen und das Personal sich mit dem Unternehmen identifiziert, dann wird das größte Risiko gleich mit entfernt, da die meisten Sicherheitsvorfälle nicht von außen, sondern von innen erfolgen.

Sie selbst prüfen Firmen, denen Sie Funktionen oder Aufträge übertragen haben, und auch hier zeigen Sie klar, wie hochwertig bei Ihnen Datenschutz und IT-Sicherheit gelebt wird. Auch solche Eindrücke bleiben hängen und werden durchaus weitergetragen. Firmen, die Sie prüfen, weil Sie in deren Auftrag tätig sind, werden ein positives Bild von Ihnen erlangen.

In Ausschreibungen gehen Sie auf IT-Sicherheit und Datenschutz ein, was ihre Mitbewerber vielleicht gar nicht machen oder zumindest nicht in diesem Umfang. Schon aufgrund dessen werden Sie dort ein positives Bild hinterlassen, selbst wenn Sie die Ausschreibung nicht gewinnen. Machen Sie dies auch, wenn es nicht in der Ausschreibung gefordert wird.

In den unterschiedlichsten Medien und auch sozialen Netzwerken wird viel geredet, und dies nicht nur öffentlich. Natürlich können Sie auch hier Ihre Unternehmung im besten Licht präsentieren. Damit zeigen Sie mit geringen Kosten der Welt Ihren hohen Qualitätsanspruch. Jetzt werden Sie vielleicht fragen, was das mit dem Qualitätsanspruch zu tun hat? Wenn Sie als Firma solche Themen gut umsetzen und kommunizieren, so werden Ihnen generell hohe Kompetenzen unterstellt.

Zeigen Sie natürlich auch auf Ihrer Webseite, dass Datenschutz und IT-Sicherheit mehr als nur leere Worte sind, und runden sie so das ganze Bild ab.

10. Kunden, Vertragspartner und künftige Kunden gewinnen durch hohe Qualität in IT-Sicherheit und Datenschutz?

Drehen Sie ihren Stuhl einfach mal um und stellen Sie sich vor, dass Sie Verträge mit ihrem Unternehmen schließen oder mit sich zusammenarbeiten möchten. Wie wirkt es auf Sie, wenn IT-Sicherheit und Datenschutz klar kommuniziert werden, wie fühlt es sich an? Genau aus diesem Grunde werden Sie hiermit auch punkten und diese Wirkung erzielen.

11. Einbringen in Ausschreibungen?

In Ausschreibungen zählt der Preis, und alles andere ist Nebensache? Tatsächlich sind neben den Kosten auch von den ausschreibenden Stellen die spätere Einhaltung von rechtlichen Vorgaben zu prüfen - und wurden bisher in der Regel unterstellt und deshalb nicht hinterfragt.

Durch verschiedene Untersuchungen sollte aber auch diesen inzwischen klar sein, dass dem eben nicht so ist. Schon aus diesem Grunde ist es sehr sinnvoll, genau dies hervorzuheben. Neben der EU Datenschutzgrundverordnung (DS-GVO) sind auch die EU IT-Sicherheitsrichtlinie (NIS-Richtline) und die daraus abgeleiteten Gesetzesänderungen in Deutschland z.B. im BSI-Gesetz, im Telekommunikationsgesetz, dem Energiewirtschaftsgesetz und anderen (siehe Gesetz zur Umsetzung der europäischen Richtlinie zur Gewährleistung einer hohen Netzwerk- und Informationssicherheit) Anforderungen, die auch in Ausschreibungen Relevanz erhalten werden und die Auftraggeber zur Prüfung beim Auftragnehmer verpflichtet. Kommen Sie dem doch gleich zuvor und zeigen Sie, dass Sie top aufgestellt sind. Dies macht es leichter, sich für Sie zu entscheiden.

12. Was sind kritische Infrastrukturen?

Sowohl die EU als auch Deutschland, aber auch die USA haben hier bereits Feststellungen getroffen oder definieren diese gerade neu. Als kritisch wird jede Unternehmung betrachtet, die bei Ausfall oder Beeinträchtigung Auswirkungen für das öffentliche Leben hat oder haben kann. Hierzu zählen auch Teile von diesen Strukturen. Typische Branchen sind in den jeweiligen Verordnungen und Gesetzen aufgeführt und in großen Teilen deckungsgleich. Jedem von uns ist klar, dass wenn beispielsweise die Stromlieferung zusammenbricht, dies sofort Auswirkungen hätte und folglich Strom auch eine kritische Infrastruktur ist. Weniger betrachtet wurden die Teile von diesen kritischen Infrastrukturen, denn hier sind nun alle Unternehmungen sowie staatlichen Einrichtungen zu betrachten, die mit dieser kritischen Infrastruktur (Stromversorgung) zusammenarbeiten oder dessen Daten verarbeiten, wie auch alle Unternehmen die wiederum für diese als Subunternehmer tätig sind und dies bis in das letzte Glied in der Kette. Selbst wenn die Unternehmen nicht direkt mit Stromerzeugung und Belieferung tätig sind, sondern einen anderen wesentlichen Teil für die Funktionsfähigkeit der KRITIS Organisation liefern, ohne den sie nicht oder nur schlecht funktionieren würde wie besondere Ersatzteile.

Ob Sie selbst eine kritische Infrastruktur sind, können Sie recht leicht selbst nachprüfen. Ob Sie selbst eine mittelbare kritische Infrastruktur sind können Sie nicht immer wissen. Das erfahren Sie im Zweifelfall von Ihren Kunden, wenn es zu spät ist, weil sie bestimmte Nachweise und Zertifizierungen, die ein KRITIS Unternehmen als Kunde Ihres Kunden von seinen Lieferanten und deren Subunternehmern im Rahmen einer Regelprüfung einfordert, kurzfristig nicht erbringen können, da Sie die gesamte Lieferkette mit ihrer Brisanz unter Umständen nicht kannten.

13. Dominoprinzip bei kritischen Infrastrukturen NIS (EU), NIST (USA), BSIG (D)

Jeder darf zusammenarbeiten, soweit und solange jeder die Voraussetzungen erfüllt, diese bei den nachfolgenden zusammenarbeitenden und ausführenden Unternehmen geprüft hat und diese Prüfungspflicht weitergibt.

Fällt also der erste Stein, so kommt die erste Firma oder der erste Teil (Organisation mit direkter Beziehung zum ersten Stein) hinzu, fällt auch dieser Stein, geht es weiter zum nächsten Stein, idealerweise fallen alle Steine und die Prozesskette ist geschlossen. Kommt aber dieses Spiel zum Stillstand, so sind alle Steine danach aus dem Spiel (Unternehmen in der Kette), und dies kann wirtschaftlich ernsthafte Folgen haben.

Dieses Risiko sollten Sie sich nicht leisten; prüfen Sie sich selbst und die mit Ihnen zusammenarbeitenden Unternehmen und verpflichten Sie diese wiederum, es ebenfalls zu tun. Die eigene Prüfung ist gewissenhaft vorzunehmen, nicht nur weil das kritische Unternehmen dies gegenüber dem BSI nachweisen können muss, sondern weil die Firmen, die Sie prüfen, ggf. wieder mit anderen Firmen zusammen arbeiten, die in einer anderen Kette gelagert sind - wenn diese aus einer anderen Kette herausfallen, dann wird dies zu einer Nachprüfung und ggf. Neubewertung führen, was negative Auswirkungen aus Ihr Unternehmen haben kann. Nehmen Sie im eigenen Interesse Datenschutz und IT-Sicherheit ernst.

14. Welche gesetzlichen Anforderungen an IT-Sicherheit und Datenschutz gibt es?

Tatsächlich wird in praktisch jedem Gesetz Bezug zum Datenschutz genommen und damit auch zwangsläufig zur IT-Sicherheit, hieraus ergeben sich unterschiedliche gesetzliche Anforderungen.

Die IT-Sicherheit ergibt sich durch unterschiedliche Standards, welche aber nicht zwingend einem Gesetz folgen, ISO-Standards, BSI Empfehlungen, Richtlinien von Kammern, Berufsrichtlinien und ggf. weitere. Nicht immer sind die gesetzlichen Anforderungen tatsächlich mit dem Datenschutz problemlos zusammenzubringen, dies ist auch Änderungen in Gesetzen sowie Grundsatzurteilen geschuldet, welche durchaus gesetzliche Vorgaben unwirksam machen können.

Die wichtigsten Fragen sind hier immer, ob der gesetzliche Zweck damit erfüllt wird, ob die Notwendigkeit in diesem Umfang gegeben ist, ob die Persönlichkeitsrechte des Betroffenen hinreichend gewahrt bleiben, und wenn dies nicht eindeutig geklärt werden kann, ob hier bereits ein Gericht geurteilt hat in möglichst hoher Instanz (Grundsatzurteil).

Viel wichtiger als die unterschiedlichen Gesetze ist die Hierarchie der Gesetze zueinander; diese wird sich im Mai 2018 ändern. Aktuell gilt das Bundesdatenschutzgesetz (BDSG) als Auffanggesetz. Künftig gilt die DS-GVO hingegen als Gesetz, an das sich alle nachfolgenden Regelungen richten müssen. Folglich gilt ab Mai 2018 folgende Reihenfolge: GG, DS-GVO, andere Gesetze (z.B. BSIG, BGB, ArbG, SGB, TMG…). Dies wird aber auch interessant in Bezug auf die Landesdatenschutzgesetze, da diese gegenüber dem BDSG stets vorrangig waren und nur, wenn dort nichts geregelt war, das BDSG zur Anwendung kam; diese sind künftig auch der DS-GVO untergeordnet.

15. Welche Folgen hat ein IT-Sicherheitsvorfall für ein Unternehmen?

Gehen Sie vom schlimmsten Fall aus - und dies würde heißen: Licht aus.

Ein IT-Sicherheitsvorfall kann in allen Ausprägungen Auswirkungen haben. Schon deshalb ist IT-Sicherheit wichtig, um hier mögliche Schäden soweit als möglich auszuschließen, rechtzeitig zu bemerken und Möglichkeiten für Schäden zu minimieren. Natürlich hat auch dann ein Vorfall Auswirkungen, da der Vorfall entsprechend zu behandeln ist, möglichweise Schadensersatzansprüche drohen und hier ggf. Meldungen an Aufsichtsbehörden, Versicherungen und Geschädigte erforderlich werden.

Es gibt aber auch Sicherheitsvorfälle, die Sie als Unternehmer gar nicht bemerken. Beispielsweise kann der Rechner, auf dem Sie die Dokumente für Ihre Preispolitik gespeichert haben, gehackt worden sein, und die Daten fließen direkt an ihre Konkurrenz, welche dann ständig günstiger sein kann als Sie. Doch würden Sie es merken? Alleine durch rückläufige Kaufzahlen vielleicht.

Der Entwurf einer neuen Maschine kommt auf den Markt, und Sie stellen fest, dass dies eigentlich Ihr neues Modell ist, welches demnächst der Welt vorgestellt werden sollte. Jetzt wissen Sie, dass Ihre Daten aus der Entwicklungsabteilung entwendet wurden. Doch wissen Sie nicht wie und von wem, und müssen unabhängig vom Schaden dies aufarbeiten und die Lücken schließen.

Stellen Sie sich vor, sie sind Autohersteller: Die Radmuttern Ihres neuen Autos lösen sich alle nach 30.000 km, und es kommt zu vielen Beschwerden und Untersuchungen. Sie stellen fest, dass Ihre Roboter falsch gearbeitet haben und jede Radmutter eine halbe Drehung zu wenig angezogen wurde.

Einen IT-Sicherheitsvorfall werden sie nicht immer sofort entdecken. Die Erpressungstrojaner sind im Vergleich zu anderen Szenarien eigentlich harmlos. Bußgelder und Strafgelder können nach solchen Vorfällen kaum noch schockieren, da diese im Vergleich hierzu in der Höhe schon fast zu vernachlässigen wären.

16. Welche Folgen hat ein Datenschutzvorfall für ein Unternehmen?

Ein IT-Sicherheitsvorfall kann auch mit einem Datenschutzvorfall gleichzeitig und im gleichen Zusammenhang auftreten. Neben der Veröffentlichung auf Ihre Kosten im angemessenen Umfang (vgl. § 42a BDSG bzw. Artikel 33, 34 DS-GVO), kommen hier noch mögliche Schadensersatzforderungen in Betracht, welche Sie nicht begrenzen können, wie auch Bußgelder und Strafgelder in einer Höhe von 4 % des globalen Jahresvorumsatzes (bei Konzernen oder vergleichbaren Strukturen aller Unternehmen und nicht nur des Teils des Konzerns). Diese Bußgelder und Strafgelder sollten abschreckende Wirkung haben, so dass sie auch entsprechend zur Anwendung kommen werden. Für Bußgelder und Strafgelder tritt keine Versicherung ein, und diese können auch nicht von der Steuer abgesetzt werden; sparen Sie sich dies und investieren Sie diese Gelder effektiv in Ihre Unternehmung.

17. Was ist eine IT-Dokumentation?

Hierbei handelt es sich um eine strukturierte Übersicht über Technik, Software, Prozesse und Verfahren. Diese sind zu ergänzen durch Standortinformationen, Zonen, Sicherheitssysteme (Zutritt, Zugang, Zugriff). Auf der administrativen Ebene sind hier klare Verantwortlichkeiten, Zuständigkeiten und Vertretungen zu dokumentie-ren. Rollen und Berechtigungen ergeben sich aus Sicher-heitsansprüchen und Datenschutzansprüchen, welche zu dokumentieren sind, aber auch die Realisierung von Schnittstellen und deren rechtlichen Anforderungen (z.B. GoBD).

Zur IT-Dokumentation gehört auch der IT-Notfallplan, welcher den jeweiligen worst case betrachtet, die Folgen beschreibt, sowie Maßnahmen klar definiert. Eine gute IT-Dokumentation stellt ein fortlaufendes IST dar und kann schnell Informationen über die gesamte IT liefern. Veränderungen in der IT sollten revisionssicher doku-mentiert werden.

18. Was bringt eine Sicherheitsanalyse?

Hier werden die IT-Dokumentation sowie die in Augen-scheinnahme, die Datenschutzdokumentation, die IT-Si-cherheitsdokumentation und die Parameter aller Geräte in der IT-Landschaft herangezogen. Zunächst werden die Punkte anhand von Checklisten geprüft, was aber nicht die alleinige Basis sein kann. Die Maßnahmen werden auch bewertet und Theorie wird mit der Praxis abgegli-chen.

Neben der Technik sind auch hier die organisatorischen Maßnahmen zu prüfen und zu bewerten, die Inaugenscheinnahme ermöglicht Einblicke, die von der Dokumentation abweichen können oder so aus dieser nicht hervorgehen.

Als nächstes wird nun dieses Gesamtbild dahingehend geprüft, wo Schwachstellen vorliegen, wo Sicherheiten umgangen werden können, wo Risiken vermutet werden, wo Risiken und Schwachstellen geschaffen werden könnten. Nach dieser Feststellung werden die Ergebnisse bewertet und es erfolgt eine Folgenabschätzung bei möglichem Eintritt der zuvor ermittelten Risiken und Schwachstellen bei Einordnung in die Risikomatrix (BSI-Grundschutz und Datenschutz). Dies wäre dann die IST-Sicherheit.

19. Welche Möglichkeiten ergeben sich außer Sicherheit bei einer IST-Aufnahme?

Während einer IST-Aufnahme wird die IT automatisch insgesamt bewertet. Es wird festgestellt, welche Systeme eher stören als Nutzen verursachen, welche Prozesse an welchen Stellen haken und optimiert werden können, welche Systeme den Anforderungen nicht gerecht werden, wo Investitionsbedarf besteht, wo Effizienzsteigerungen erzielt werden können, wo Reibungspunkte reduziert werden können, wo es Nadelöhre bei der Datenverarbeitung gibt. Der „Schuss ins Blaue" bei Anpassungen und Modernisierungen der IT-Landschaft entfällt.

20. Was ist eine IST-Feststellung?

Die IST-Feststellung ist eine Momentaufnahme, die fortlaufend weitergeführt werden sollte und so neben dem IST auch die Entwicklung dokumentiert und einen Trend zulässt. Ein Trend ist beispielsweise bei Feststellung der wahrscheinlichen Entwicklung von Ressourcen sehr dienlich.

Eine IT, die gerade jetzt den Anforderungen noch genügt, ist eine schlechte IT, da hier Wachstum ausgeschlossen wird und schon der nächste Patch dazu führen kann, dass die IT unterversorgt ist. Im Rahmen der IST-Feststellung wird der Startpunkt klar festgestellt, welcher die Basis für jede mögliche Betrachtung und Veränderung ist.

21. Was ist eine SOLL-Feststellung?

Die SOLL-Feststellung zeigt ein gewünschtes Optimum auf, welches mit den Gesetzen und Richtlinien in Übereinstimmung steht. Die unternehmerischen Anforderungen der nächsten Jahre sollten hier mit eingeplant werden und - sofern vorhanden - sollte auch der Trend Berücksichtigung finden. Erst bei Kenntnis des SOLL-Zustandes kann ein klarer Fahrplan entwickelt werden, welcher selbst dann in Schritten umgesetzt werden kann.

22. Was bringen mir eine IST- und SOLL-Feststellung?

Vergleichen Sie dies ruhig mit Ihrem Navigationssystem. Sie können nur dann ein SOLL erreichen und aus dem IST entstehen lassen, wenn Sie wissen, wo sie starten und wo die Reise hinführen soll. Eine Vielzahl an IT-Projekten scheitert oder wird nie vollendet, weil eines von beiden nicht bekannt ist und so schnell Hürden entstehen, die unüberwindlich erscheinen.

23. Was ist eine GAP-Analyse?

Bei der GAP-Analyse wird aufgezeigt, welche Teile fehlen und welche anzupassen sind, um vom IST zum SOLL zu gelangen. Die GAP-Analyse zeigt Ihnen hier noch keine Lösung auf, auch wenn hier durchaus Sofortmaßnahmen noch vor einem IT-Projekt abgeleitet werden können.

24. Was mache ich mit den Informationen aus einer GAP-Analyse?

Die GAP-Analyse nutzen Sie als Fahrplan zum SOLL und entwickeln hieraus ein IT-Projekt, welches in logischen Schritten diese fehlenden Teile vervollständigt oder ersetzt. Bereits in der Planungsphase müssen hier alle Auswirkungen und Anforderungen während der Ausführung

ihre Berücksichtigung finden, damit eine Maßnahme beispielsweise nicht dazu führt, dass plötzlich niemand
mehr arbeiten kann.

Die Veränderung von etwas Bestehendem zu einem bestimmten SOLL bei fortlaufendem Betrieb ist eine deutlich höhere Herausforderung als die Neuplanung ohne
laufenden Betrieb. Beachten Sie während der Realisie-
rungsphase aber auch, dass das SOLL sich durchaus ändern kann, Sie sollten das GAP folglich auf ihrem Weg an-
passen können.

25. Warum kann Technik allein mich nicht retten?

Technik ist die halbe Miete. Organisatorische Maßnahmen sind unerlässlich.

Technik alleine schafft keine Sicherheit. Was nützt Ihnen
die beste Sicherheitstechnik, wenn Sie im nächsten
Schritt schon wieder ausgehebelt wird? Ein passendes
Beispiel wäre hier der Holzkeil unter einer Sicherheits-
tür, damit das Personal diese Sicherheit nicht passieren
muss, weil es eben schneller geht.

Genau wie hier sind auch in allen anderen Bereichen
Maßnahmen zu definieren, welche der Sicherheit und
dem Datenschutz gerecht werden.

26. Was sind organisatorische Maßnahmen?

Sowohl in der IT-Sicherheit als auch im Datenschutz gibt es geeignete Maßnahmen, die sich durchaus gegenseitig überschneiden und weiten Teilen identisch sind. Hier fängt es bereits mit den grundsätzlichen Regeln an, wie Personen überhaupt ins Gebäude und in die verschiedenen Bereiche gelangen (Zutrittskontrolle), wo Zugang auf die IT-Systeme erlangt werden kann (Zugangskontrolle) und wo dann tatsächlich Zugriff auf die Daten erlangt werden kann (Zugriffskontrolle).

Hierzu bedarf es klarer Regelungen. Je nach Größe des Unternehmens ergeben sich dann unterschiedliche Bereiche, welche eben nicht von jedem betreten werden dürfen, sowie Maßnahmen, um genau dies sicherzustellen (Sicherheitszonen).

Aber auch Schulungen sind eine wichtige Maßnahme, genau wie die Sensibilisierung des Personals, da vieles erst in das Bewusstsein dringen muss, bevor es umgesetzt wird. Wieso zum Beispiel ist die anrufende Behörde bei Auskunftsersuchen zurückzurufen und warum darf man nicht gleich die Information geben? Wieso darf ich einem Kunden seine Bankdaten nicht am Telefon mitteilen, obgleich dieser seine Kundennummer hat? Wieso kann ich meinem Azubi nicht auf meinem Account arbeiten lassen?

Die verschiedenen Maßnahmen sind je nach Unternehmen und oft sogar je nach Abteilung oder Art der Daten unterschiedlich; gerade diese schaffen aber ein hohes Maß an Sicherheit, welches alleine durch Technik nicht realisiert werden kann. Auf dem ersten Blick mag dies nur Geld kosten, doch klare Strukturen schaffen auch Sicherheit sowie klare Regeln, dies wiederum schafft optimierte Arbeitsabläufe.

27. Wie verhindere ich, dass der Azubi im 3. Lehrjahr Masteradministrator ist?

Es ist gang und gäbe, dass Personal, welches viele Abteilungen durchläuft, die unterschiedlichen Rechte zugewiesen bekommt. Was dem Mitarbeiter oder Azubi zur Durchführung seiner Arbeit fehlt, wird schnell festgestellt, doch was er nicht mehr braucht, wird gerne vergessen. Dem Administrator wird auch oftmals gar nicht mitgeteilt, wieso hier andere Rechte benötigt werden, nur dass diese eben fehlen. Außerdem weiß der Administrator weiß in der Regel auch nicht, welche Rechte welcher Mitarbeiter in den Fachanwendungen wirklich braucht, so dass auch keine alten Rechte geschlossen werden. Auf diese Weise kann ein Azubi durchaus die höchsten Rechte in einem Unternehmen haben, was natürlich ein enormes Risiko darstellt.

Rollen und Berechtigungen sind eine Maßnahme, welche sich sowohl im Datenschutz als auch in den Vorgaben zur IT-Sicherheit wiederfinden und beiden ist zu eigen, dass hier nur so viel gewährt wird, wie für die übertragenen

Aufgaben erforderlich ist (Need-to-know Prinzip). Tatsächlich wird dieses Ziel in großen Unternehmen ohne geeignete Hilfsmittel und klarer Konzepte nicht realisiert werden können.

28. Wie sensibilisiere ich Mitarbeiter?

Die erste Sensibilisierung sollte schon mit der Verpflichtung auf den Datenschutz erfolgen. Diese sieht auch eine Belehrung vor und ohne die Belehrung kann die Unterschrift unter dieser Verpflichtung sogar unwirksam sein.

Weitere Maßnahmen sind Schulungen für IT-Sicherheit und Datenschutz, welche auf die entsprechenden Tätigkeiten zugeschnitten sind. Eine Gießkannenschulung bringt wenig, und auch die Aufsichtsbehörden sind sich dahingehend einig, dass eine solche Schulung keine Schulung im geforderten Sinne erfüllt.

Testen Sie die Mitarbeiter, dies kann durch geeignete Personen erfolgen, welche solche Tests dann datenschutzkonform durchführen. Ziel eines solches Tests darf es nicht sein, einem Mitarbeiter eine Abmahnung erteilen zu können, weil dieser durchgefallen ist. Vielmehr soll hiermit eine Sensibilisierung erfolgen und auch mögliche Schulungsinhalte angepasst werden.

Auch das Übertreten von Regeln und die Prüfung, wie die Mitarbeiter hierauf reagieren, können sehr lohnend sein. Etwas theoretisch zu wissen, heißt noch lange nicht, dass es auch tatsächlich gelebt wird. Gerade in Gesprächen und Schulungen sollte dies greifbar für die Teilnehmer sein, damit sich der Aha-Effekt einstellt.

29. Wie integriere ich IT-Sicherheit in das BCM eines Unternehmens?

IT-Sicherheit ist ein Teil der IT, und die IT-Sicherheit ist ein sich fortlaufend entwickelnder Prozess, welcher den Vorgaben des Datenschutzes folgen muss.

Durch die laufende Weiterentwicklung des IST ergeben sich Trends, es sind die Zeitpunkte bekannt, an denen Veränderungen anstehen, sowie auch deren Umfang. Die Realisierungen können fortlaufend geplant und durchgeführt werden, die Kosten sind planbar und Budgets können laufend klar definiert werden. Durch die fortlaufende IT-Dokumentation können neue Anforderungen in dieser leicht realisiert und die Sicherheit dahingehend angepasst werden.

Schon vor Einbringung neuer Möglichkeiten sind die Voraussetzungen bekannt, und die Möglichkeiten können von den Spezialisten für Datenschutz und IT-Sicherheit hinreichend geprüft, dokumentiert und realisiert werden. Prüfungen neuer Verfahren sind dabei erst durch den Datenschutz durchzuführen, dann durch die IT-Sicherheit, und erst, wenn beide Prüfungen erfolgreich durchlaufen wurden, macht eine mögliche Mitbestim-mung durch die Personalvertretung Sinn.

In vielen Verfahren ist sogar die Vorabkontrolle (Risiko-folgeabschätzung) durch den Datenschutzbeauftragten vor einer möglichen Zustimmung durch die Personalver-tretung zwingend erforderlich, da sie sonst unwirksam sein kann.

In Fragen der IT-Sicherheit steht dem IT-Sicherheitsbe-auftragten ein Vetorecht zu, welches dieser bei unzu-reichender Sicherheit auch ausüben sollte. Aus diesem Grund muss auch an dieser Stelle die Personalvertretung vor der Prüfung der IT-Sicherheit aus rein logischen Überlegungen zur Vermeidung von überflüssiger Mehr-arbeit noch nicht involviert werden.

Letztendlich sind alle Prozesse in einem Unternehmen in irgendeiner Form von der IT abhängig oder werden durch diese gestützt. Schon deshalb ist IT und damit auch IT-Sicherheit ein fester Bestandteil des BCM, eine Ver-nachlässigung kann zu einer nachhaltigen Störung des BCM führen.

30. Was sind Rollen und Berechtigungen und wieso sind die wichtig?

Eine Rolle kann mit einem Schauspieler verglichen werden. Personen nehmen bestimmte Rollen in einem Unternehmen ein. Diese Rollen sind klar zu definieren, wie auch mit Tätigkeitsbeschreibungen zu versehen. Aus dieser Rolle ergeben sich dann die notwendigen Berechtigungen, welche für die Durchführung der Tätigkeiten erforderlich sind.

Viele Personen werden dabei in die gleiche Rolle passen, und alle sollten dann auch dieser Rolle zugeordnet werden. Einige Personen haben besondere Berechtigungen aufgrund Ihrer Position, diese sollten dann in einer zusätzlichen Rolle definiert werden. Beispielsweise wäre Buchhaltung eine Rolle, hier wären die Rechte grundsätzlich gleich, der Teamleiter der Buchhaltung hat ggf. weitere Rechte, so dass diese zusätzlichen Rechte in einer weiteren Rolle erfasst werden. Der Teamleiter der Buchhaltung ist dann Mitglied in den Rollen „Buchhaltung" und „Teamleitung Buchhaltung". Ändern sich später Rechte in den Rollen, so ändert sich dies für alle Personen in der Rolle automatisch; wechselt eine Person die Rolle, so wechseln auch die Berechtigungen praktisch automatisch.

31. Abkürzungsverzeichnis

ArbG — Arbeitsgesetze (Gesetzessammlung)

BCM — Business Continuity Management

BDSG — Bundesdatenschutzgesetz

BGB — Bürgerliches Gesetzbuch

BSI — Bundesamt für Sicherheit in der Informationstechnik
www.bsi.bund.de

BSIG — BSI-Gesetz (IT-Sicherheitsgesetz)

DS-GVO — EU Datenschutz Grundverordnung

GG — Grundgesetz

GoBD — Grundsätze zur ordnungsmäßigen Führung und Aufbewahrung von Büchern, Aufzeichnungen und Unterlagen in elektronischer Form sowie zum Datenzugriff

ISO — Internationale Organisation für Normung

IT — Informationstechnik

KRITIS — Kritische Infrastruktur

NIS	Europäische Richtlinie 2016/1148 zur Gewährleistung einer hohen Netzwerk- und Informationssicherheit
NIST	National Institute of Standards and Technology: gibt Standards zur IT-Sicherheit in den USA heraus, die für Behörden und kritische Infrastrukturen zwingen anzuwenden sind – analog zum BSI in Deutschland.
SGB	Sozialgesetzbuch
TMG	Telemediengesetz

32. Die Autoren

Birgit Pauls: Diplom-Mathematikerin, betriebliche Datenschutzbeauftragte (GDDcert.), Projektmanagement-Fachfrau (RKW/GPM). Mitglied der GDD Gesellschaft für Datenschutz und Datensicherheit e.V. sowie der Hamburger Datenschutzgesellschaft e.V. Birgit Pauls berät seit 1998 Unternehmen in allen Fragen rund um den Datenschutz, ist als behördliche Datenschutzbeauftragte und externe betriebliche Datenschutzbeauftragte tätig.

Bernd Sommerfeld: Sachverständiger Datenschutz und Informationssicherheit, Datenschutzbeauftragter, IT-Sicherheitsbeauftragter. Bernd Sommerfeldt berät seit 2005 Unternehmen, Behörden und Anwälte zu den Themen IT-Sicherheit und Datenschutz und ist seit 2013 auch als Sachverständiger tätig. Bernd Sommerfeldt ist DIN EN ICE/ISO 17024:2012 akkreditiert, PC16901-235 DEKRA certified.

Weitere Bücher der Autoren:

Pauls, Sommerfeld: Basisdatenschutz für Jungunternehmer – Ein Praxisratgeber
ISBN: 978-3-7431-9733-6

Kuch, Pauls, Sommerfeld: Die Burg IT-Sicherheit – IT-Sicherheit Stein auf Stein
ISBN: 978-3-7448-7344-4 (erscheint im August 2017)